MARIE GUYARD

ET

LES URSULINES AU CANADA

PAR

JEAN D'ESTIENNE

EXTRAIT DU CONTEMPORAIN DU 1er MARS 1875.

PARIS

IMPRIMERIE JULES LE CLERE ET Cie

RUE CASSETTE, 29.

1875

MARIE GUYARD

ET

LES URSULINES AU CANADA

---

*Vie de la Révérende Mère Marie de l'Incarnation, Ursuline (née Marie Guyard),
première supérieure du monastère des Ursulines de Québec,* par l'abbé P.-F. Richaudeau, aumônier des Ursulines de Blois. 1 vol. in-8°. — *Esquisse sur le
Canada considéré sous le point de vue économiste,* par J.-C. Taché, membre
du Parlement canadien et commissaire du Canada à l'Exposition universelle.
1 vol. in-12.

Lorsque, en 1534, Jacques Cartier découvrit le Canada, il n'y
trouva que de pauvres peuplades, Iroquois, Hurons, Algonquins,
Montagnais, en guerre perpétuelle les unes avec les autres, et dut
borner son action à des reconnaissances dans l'intérieur des terres
notamment aux deux centres principaux de la population abori-
gène, Stadaconé et Hochelagua, qui devinrent plus tard Montréal
et Québec.

Après lui, de hardis commerçants français et d'aventurenx
voyageurs s'organisèrent en compagnies qui, tantôt de gré à gré
et tantôt par la force, établirent avec les sauvages la lucrative
traite des fourrures. Mais, peu secondés par le gouvernement,
qu'absorbaient les complications politiques du vieux continent,
ils ne songèrent même pas à fonder le moindre établissement
agricole (1).

(1) J.-C. Taché, *Esquisse sur le Canada.*

Ce n'est que de la féconde impulsion de notre grand ro
Henri que date la colonisation véritable de cette partie de l'Amérique du Nord. En 1608, M. de Champlain fonda Québec, et bientôt, négligé sinon oublié de la métropole après l'attentat qui
priva la France du meilleur et du plus politique de ses rois, il sut
cependant, à travers mille difficultés et mille obstacles, fonder
définitivement cette Nouvelle-France que Louis XV, ce triste des-
cendant de Henri IV, ne saura que livrer aux Anglais par le hon-
teux traité de 1763.

Mais dans cet intervalle d'un siècle et demi la vieille France
avait su jeter, dans ce sol nouveau, de profondes racines, à tel
point qu'aujourd'hui nul n'est plus Français en France que, par
delà l'Océan, les Français du Canada. C'est après un siècle entier
de domination anglaise qu'un auteur de Québec, décrivant la
défaite des Anglais devant cette ville en 1759, écrit les lignes
suivantes :

« Ils (les Anglais) bombardaient la ville depuis plus de deux
semaines, quand ils tentèrent de forcer les lignes françaises à
Beauport en attaquant l'aile gauche de l'armée de Montcalm. Six
mille se déployèrent sur la plage, tandis que deux mille autres
remontaient la rivière Montmorency pour la passer à gué et prendre
à dos *nos* troupes. Mais les décharges des Canadiens furent si multipliées et si terribles que *les ennemis*, tourbillonnant pêle-mêle,
furent heureux de profiter d'un orage pour se rembarquer en
toute hâte. Dix pièces de canons en avaient fait taire cent dix-
huit! »

Ces *ennemis*, qui sont-ils? Les Anglais, les dominateurs déjà
séculaires de la colonie. *Nos troupes*, sous la plume de l'écrivain
canadien, signifient l'armée française. Un point d'admiration
est soigneusement placé à la fin de la phrase qui apprend au lec-
teur que dix canons de la France en ont réduit cent dix-huit de
l'Angleterre au silence. Et cet écrivain, quel est-il? Un homme
public? Un stratégiste? Un citoyen considérable de la capitale
canadienne? Point! mais une humble religieuse, une modeste
ursuline écrivant, sans nom d'auteur, l'histoire de son couvent (1).

Voilà quels sont les sentiments de ce petit peuple canadien issu

---

(1) *Histoire des Ursulines de Québec*, par une religieuse du couvent (Québec,
1864), citée par M. l'abbé Richaudeau.

de notre sang, notre sang lui-même, et qu'oublie peut-être trop
son ancienne mère-patrie.

Et ces sentiments où les a-t-il puisés? Qui les lui conserve avec
une intensité si grande?

La voix de la nature a sa part sans doute dans les causes de ce
phénomène remarquable. Elle serait insuffisante à l'expliquer
seule. Le sang anglais coulait encore pur de tout mélange dans les
veines du fier Yankée, que déjà l'esprit de rivalité et d'antago-
nisme en avait fait l'adversaire ou l'ennemi de la vieille Albion,
et l'origine ibérique des Etats de l'Amérique du Sud n'a pas suffi
pour empêcher le créole brésilien de s'affranchir de la dépendance
du Portugal, les républiques espagnoles du joug de l'Espagne.

Au Canada la colonisation eut ses auxiliaires les plus puissants
dans les ordres religieux d'hommes et de femmes. Ce sont des
prêtres, des jésuites, des filles de la Charité, des ursulines, qui
ont entretenu et inculqué dans ces populations, avec la foi ca-
tholique l'amour de la France. Non-seulement le bienfait de l'ins-
truction et de l'éducation chrétiennes était distribué aux fils et
aux filles des colons ; mais il s'étendait avec une sollicitude non
moins grande aux enfants des indigènes et, par eux, aux parents
indigènes eux-mêmes. Si la colonie trouva dans la tribu des Iroquois un ennemi constamment implacable, l'influence toute de
charité des ursulines sur les Hurons, les Algonquins, les Abena-
quiouais, etc., dont elles élevaient les filles et instruisaient les
femmes, fit presque toujours de ceux-ci des alliés, alliés souvent
précieux de la population française.

I

Un intérêt particulier s'attache, sous ce point de vue, à l'histoire de la fondation de l'ordre des Ursulines au Canada. Cet
ordre, dû à sainte Angèle Mérici (1535) et le premier dans l'Eglise
qui ait été destiné spécialement à l'éducation des jeunes filles,
eut sur les efforts et les travaux de la colonisation une action
qu'on ne saurait méconnaître. Que M. Henri Martin attribue à la
présence de l'élément ecclésiastique et religieux les insuccès
partiels inévitables dans une entreprise de cette importance (1),

____

(1) *Histoire de France*, t. XIII, p. 122.

il n'y a lieu ni de s'en étonner ni de s'arrêter à une telle appréciation : elle est dans la logique de l'esprit antichrétien de l'auteur. La vérité est que toute colonisation offre de nombreuses difficultés; mais l'on ne voit pas que l'Algérie, où le sol et l'influence ont toujours été si parcimonieusement marchandés à nos prêtres et à nos religieuses, ait beaucoup bénéficié des mosquées qu'on y a construites aux frais de l'Etat, ou de l'indifférence, sinon de l'irréligion, affichée par un trop grand nombre de colons.

Les Français et les créoles canadiens de 1639 appréciaient autrement le rôle de la religion chrétienne dans leur œuvre, et la réception solennelle et enthousiaste qu'ils firent à quelques humbles filles de Vincent de Paul et de sainte Angèle, abordant au port de Québec, pourrait paraître surprenante en nos jours et sur notre continent, où la foi affaiblie des populations ne se prêterait plus à de tels témoignages.

Nous n'avons pas à parler ici des admirables sœurs envoyées par saint Vincent de Paul. Nous nous occuperons seulement des filles moins connues de sainte Angèle et de leur éminente supérieure Marie Guyard, veuve de Claude-Joseph-Martin, et en religion Mère Marie de l'Incarnation (1).

Marie Guyard naquit à Tours, en octobre 1599, d'une mère appartenant à une famille noble et d'un père remplissant la très-modeste et très-roturière profession de boulanger, ce qui prouve, soit dit en passant, qu'à toutes les époques, sous l'empire de la nécessité ou pour d'autres motifs, se sont produits de ces mariages entre personnes de conditions très-inégales, appelés « mésalliances. » Mais, simple artisan par sa naissance et la nature de ses labeurs, Fleurant Guyard, le père de notre héroïne, était digne par l'élévation de ses sentiments et de son intelligence, comme par ses traditions de droiture et d'honneur, de l'épouse noble et chrétienne, de la femme forte et distinguée à laquelle il s'était uni.

C'est sous l'influence d'un tel milieu que Marie Guyard grandit entre ses trois sœurs, dans les dispositions de la piété la plus vive. Douée d'une intelligence précoce et d'une portée d'esprit peu commune au bas âge, elle comprit d'instinct, dès sa septième

---

(1) Cette appellation, qu'il ne faut pas confondre avec le nom religieux de l'illustre carmélite Acarie, est celle sous laquelle les informations canoniques prises dans le but d'obtenir la béatification de la fondatrice des Ursulines du Canada ont été envoyées à Rome par Mgr Baillargeon, prédécesseur de l'archevêque actuel de Québec.

année, l'excellence d'une vie exclusivement vouée à Dieu et conçut intérieurement le dessein de se donner à lui sans réserve. Mais quand, à l'âge de quatorze ou quinze ans, elle révéla cette intention, une vive opposition de sa famille vint contrarier ses désirs, et la jeune amie de Dieu, pour qui l'obéissance filiale était la plus grande des vertus et le premier des devoirs, accepta avec soumission à dix-sept ans le parti que ses parents avaient choisi pour elle.

Cette union dura peu.

Dieu, qui avait ses desseins sur Marie Guyard, rappela à lui au bout de deux ans Claude-Joseph Martin, son mari, après avoir toutefois béni l'union des deux époux par la naissance d'un fils.

De ce moment date pour la jeune femme une vie de difficultés et d'épreuves telles qu'elle n'eut pas trop, pour y faire face, de sa sainteté jointe aux facultés véritablement exceptionnelles dont elle était douée. Veuve à dix-neuf ans avec un enfant de six mois entre les bras, elle ne recueillit de la succession de son mari que des affaires embarrassées, dont la liquidation se solda pour elle en une ruine à peu près complète. Après avoir résisté aux obsessions de sa famille, qui la pressait de rechercher dans un second mariage un appui pour elle-même et un secours pour son enfant, elle se créa, dans la maison même de son père, une vraie solitude, où elle vivait dans la pratique des plus grandes austérités et des œuvres de charité les plus répugnantes à la nature.

Bientôt une de ses sœurs, dont le mari était à la tête d'une maison commerciale considérable, réclame pour l'aider dans cette gestion compliquée le concours de Marie Guyard. Celle-ci, cherchant à dissimuler ses talents naturels, choisit le rôle le plus humble, se fait la servante du nombreux personnel des employés et domestiques des deux sexes, prépare leurs aliments, s'acquitte en secret de leurs propres travaux, et ne laisse à nul autre qu'à elle-même le soin de ceux qui sont malades. Elle veille à l'entretien et à la bonne tenue d'un matériel énorme, chariots, coches, voitures, chevaux, harnais, etc., et trouve moyen de mener de front, avec des occupations matérielles si multipliées, les exercices les plus élevés de la vie contemplative.

« Je passais des jours presque entiers dans une écurie qui me servait de magasin, écrivait-elle plus tard à dom Claude Martin son fils, et quelquefois il était minuit que j'étais sur le port à faire charger ou décharger des marchandises. J'avais pour compagnie ordinaire des crocheteurs, des charretiers et en outre cinquante ou soixante chevaux dont il fallait que j'eusse soin ; et cependant tous ces tracas ne m'éloignaient point de Dieu. Je m'en sentais plutôt rapprochée, parce que tout était pour la charité et non pour mon profit particulier. »

Après dix à douze ans d'une existence remplie par une si prodigieuse activité et qui lui avait permis de subvenir à la première éducation de son fils, Marie Guyard jugea le moment venu d'accomplir le vœu de toute sa vie, en se consacrant au service de Dieu exclusivement et sans réserve. Sans entreprendre les développements qui seraient nécessaires pour faire connaître les nouvelles luttes, les nouvelles épreuves qu'elle eut à subir lorsqu'elle eut manifesté cette intention, nous dirons seulement qu'elle entra au monastère des ursulines de Tours le 25 janvier 1631, et que son âme y trouva non un changement, mais bien la continuation et la plénitude de cette vie intérieure, vie de perfection progressive et d'entretiens familiers avec Dieu, qui, au milieu de préoccupations de toute nature et des travaux les plus multipliés, avait toujours été et avant tout la sienne.

Il ne saurait appartenir à une plume laïque d'insister ou même de s'arrêter sur les magnifiques opérations de la grâce en une âme prisée si haut par le Ciel lui-même. Pour raconter avec convenance les révélations spéciales dont les véritables saints ont pu être favorisés; pour décrire, par exemple, les visions de la sainte Trinité accordées à Marie Guyard, qui, par une faveur ineffable, semble avoir eu de l'auguste mystère cette compréhension réservée seulement aux élus dans le ciel; pour chanter surtout ces sublimes cantiques de l'amour divin dont jamais humain embrasement n'a compris et ne comprendra les ardeurs; il faut être soi-même du petit nombre des âmes évangéliques appelées à la pratique, non plus seulement du précepte, mais du *conseil* dans tout ce qu'il a de plus élevé au-dessus de la nature. C'est dans les écrits du pieux religieux fils de notre sainte, dans les lettres même de celle-ci, dans la *Vie* qu'en ont écrite l'abbé Casgrain et le Père Charlevoix, et enfin dans le récent ouvrage de M. l'abbé Richaudeau, aumônier des ursulines de Blois, qu'il faut admirer ces accents de foi et d'oraison, partage seulement d'un nombre infiniment restreint de vocations surnaturelles. Il n'est pas interdit toutefois de faire remarquer que, un demi-siècle environ avant la sainte visitandine de Paray-le-

Monial, la mère Marie de l'Incarnation avait eu, en 1635, la révélation de la dévotion au Sacré-Cœur. C'était en vue de l'évangélisation des sauvages du Canada que cette dévotion lui avait été révélée et prescrite, et Marie Guyard, qui n'avait jamais entendu parler du Canada, qui n'en connaissait pas même le nom, se sentit prise dès lors d'un zèle ardent et d'une tendresse singulière pour les âmes dispersées dans ces contrées lointaines.

Par quel moyen arriver à cette autre extrémité du monde, elle, pauvre religieuse cloîtrée dans son couvent?

Il fallait que la Providence s'en chargeât.

Elle y pourvut en effet par un concours vraiment merveilleux de circonstances qu'il serait trop long de raconter ici. Et après mille vicissitudes, mille obstacles, mille dangers, la mère Marie de l'Incarnation, accompagnée de deux religieuses de son ordre et de deux dames séculières dévouées à la même œuvre (1), aborda à Québec le 1er août 1639, au milieu des salves de l'artillerie, des chaloupes pavoisées et de l'allégresse enthousiaste de la population descendue tout entière sur le port pour acclamer les humbles voyageuses.

II

Le terrain était, il faut le dire, admirablement préparé à recevoir cette semence d'œuvres et de perfection chrétiennes. Les compagnons de Champlain n'étaient point des aventuriers, des hommes uniquement préoccupés de spéculations et de lucre. Contrairement à ce qui se passe d'ordinaire à l'origine des colonies, c'était l'élite de la société française du XVII siècle qui, dans un but avant tout patriotique et religieux, avait voulu concourir à fonder au delà des mers une France nouvelle, plus chrétienne encore que la métropole des rois très-chrétiens. M. de Champlain, gentilhomme saintongeois, avait su joindre à une administration habile et à la plus sage politique, des mœurs austères et les habitudes d'existence que donne une foi active. Le chevalier de Montmagny, qui l'avait remplacé après sa mort en 1635, avait apporté dans la direction de la colonie le même esprit et les mêmes habitudes, que ne

(1) Mme de la Peltrie et sa compagne Charlotte Barré.

renia point par la suite son successeur le vicomte d'Argenson. Le corps d'officiers et la troupe elle-même correspondaient d'une manière remarquable aux vues et à la vie chrétienne de ces chefs. Enfin l'attitude et l'esprit de la population émigrée étaient en parfaite harmonie avec de telles dispositions dans les membres de la garnison et du gouvernement colonial.

Il n'est pas malaisé de comprendre qu'au sein d'une telle atmosphère morale, la naissante communauté parvint sans peine à s'acclimater et à se mettre à l'œuvre. Dès le lendemain de leur débarquement, Marie de l'Incarnation et ses compagnes commencèrent leur apostolat par une visite à un village algonquin peu éloigné de Québec, dont elles ramenèrent plusieurs jeunes filles sauvages; et dès ce jour le pensionnat, le *séminaire* comme on disait alors, était fondé et installé.

Mais quelle installation !

« En une chambre de seize pieds carrés étaient notre chœur, notre parloir, nos cellules et notre réfectoire; et dans une autre petite salle était la classe pour les filles françaises et pour les sauvages. Pour la chapelle, la sacristie et la cuisine, nous fîmes faire une galerie en forme d'appentis (1). »

On peut juger par là du degré de confortable que goûtaient les pauvres religieuses. Il faut y ajouter le contact des petites sauvages chez qui la propreté n'était pas une vertu native, et grâce auxquelles on trouvait chaque jour dans la marmite commune soit des charbons, soit « des cheveux, » parfois « un vieux soulier, » ce qui pourtant, ajoute avec une simplicité touchante la Mère Marie, « ne nous donnait pas trop de dégoût. » La gêne et la souffrance matérielles n'étaient rien pour ces saintes filles, heureuses de travailler à gagner des âmes à Jésus-Christ. Mais une bien autre épreuve ne tarda pas à les assaillir. La petite vérole se déclara parmi les enfants sauvages qui, toutes, furent atteintes et à plusieurs reprises ; quatre en moururent. Ce fut une merveille que les ursulines, occupées jour et nuit à soigner leurs petites malades, ne fussent pas atteintes elles-mêmes dans un réduit aussi encombré et où, faute de meubles, tous les lits étaient étalés par terre les uns à côté des autres, et si rapprochés qu'il fallait les enjamber pour pouvoir circuler.

Cette épreuve eut cependant son terme et l'œuvre des reli-

____

(1) Lettres à dom Claude-Martin.

gieuses put être reprise. Ce n'était pas seulement sur les enfants
indigènes que s'exerçait leur bienfaisante influence. Les parents
de plus en plus charmés assiégeaient sans cesse le couvent. On les
recevait toujours. On les instruisait. Quelquefois on les héber-
geait à la mode sauvage, les ursulines dussent-elles, pour faire
face à ces *extra*, retrancher pendant de longs jours sur leur
maigre et frugal ordinaire. Le bien allait ainsi en se dévelop-
pant dès les premiers mois de leur arrivée. Bientôt la nécessité
de parler directement aux sauvages obligea la révérende mère à
étudier leur langue ou plutôt *leurs langues*, chaque peuplade
ayant la sienne propre. Au début les difficultés qu'elle éprouva
furent énormes : elle avait quarante ans et il y en avait plus de
vingt qu'elle ne s'était occupée d'études ; jamais rien, surtout,
ne l'avait préparée à apprendre des langues aussi dures et aussi
barbares, dont les noms et les verbes, qu'elle apprenait par cœur,
« lui semblaient autant de cailloux qui lui roulaient dans la tête. »
Elle triompha néanmoins de ces difficultés, au point d'avoir pu
non-seulement parler le huron, l'algonquin, le montagnais,
l'iroquois, mais encore écrire dans les mêmes idiomes une
grammaire, deux dictionnaires, de nombreux ouvrages de piété,
d'histoire sainte, de catéchisme, qui, n'ayant pas été imprimés,
ont été malheureusement perdus (1).

L'installation improvisée à Québec au moment de l'arrivée des
religieuses ne pouvait être que provisoire. La construction d'un
monastère fut commencée en 1641. Elles purent s'y installer au
mois de novembre de la même année, et virent bientôt leur nombre
s'accroître par des recrues venues, les unes de la maison de Paris,
les autres de celle de Tours. Ce renfort n'était pas superflu. L'affluence des sauvages était toujours considérable. Ceux qui avaient
été instruits au monastère se faisaient, de retour chez eux, prédi-
cateurs dans leur propre peuplade et amenaient de nouveaux
néophytes. Or le soin des indigènes ne faisait pas négliger le soin
des colons eux-mêmes. Le pensionnat de leurs filles avait dû être
séparé du *séminaire* des petites sauvages, la mère de l'Incarnation
ayant bien vite reconnu, avec le sens pratique qu'elle apportait
en toutes choses, que s'il y avait tout succès à attendre de la
christianisation de ces enfants, on perdrait son temps à les vouloir *franciser*.

(1) On croit que tous ces ouvrages ont été détruits lors du second incendie du
monastère, en 1686.

L'événement du reste ne devait que trop justifier cette sage appréciation. En 1668, Louis XIV, voulant après la paix d'Aix-la-Chapelle développer la colonie et l'asseoir sur des bases plus larges, prétendit imposer ses vues en matière d'éducation et d'enseignement comme dans tout le reste. La manie de l'uniformité, compagne, paraît-il, du pouvoir absolu, portait Colbert et les hommes d'État du grand roi à vouloir que tout se fît à la française, chez les sauvages indigènes comme chez les Européens. L'insuccès, en ce qui concerne les premiers, fut complet, ainsi que l'avait prévu Marie Guyard, et l'année ne s'était pas écoulée que l'on avait dû revenir à la précédente méthode. Par là, si l'on ne fit pas des peuplades huronnes, montagnaises ou algonquines des peuplades françaises, on en fit des tribus chrétiennes, amies et alliées fidèles de la colonie, à la défense de laquelle elles prirent souvent une part active, principalement contre les Iroquois, nation féroce et déloyale, dont les agressions n'eurent définitivement leur terme qu'après sa destruction presque entière.

Les épreuves, après la nouvelle installation, ne manquèrent pas à Marie Guyard et à ses religieuses. Une année ne s'était pas écoulée que Mme de la Peltrie, leur collaboratrice séculière, qu les soutenait de ses œuvres et de ses biens, les quitta brusquement avec Charlotte Barré, sa compagne, leur retirant tout le mobilier qui lui appartenait, pour se diriger sur Montréal, colonisée depuis 1641 et où se préparait une autre fondation. Il fallut coucher sur des planches, sans draps et sans couverture, et le peu dont on put disposer pour adoucir cette situation fut affecté aux élèves.

C'était là peu de chose. Mais la construction du monastère était loin d'être terminée : les quatre murs et les principales divisions du bâtiment, la charpente et le solivage des étages, cela seul était fait : des madriers volants tenaient lieu de plancher. Il fallait payer les ouvriers, les nourrir et nourrir la communauté, sans parler des secours qu'on distribuait sans cesse aux pauvres et aux sauvages. Les conseillers les plus pieux et les plus éclairés pressaient la mère de l'Incarnation de renoncer à une œuvre désormais impossible, et de retourner en France avec ses sœurs. Elle ne se découragea point. Elle savait qu'elle accomplissait une œuvre voulue par Dieu et comptait sur sa Providence, qui ne lui fit pas défaut. En dépit des difficultés et des impossibilités, les travaux se continuèrent peu à peu ; puis des aumônes arrivèrent de France, et au bout de huit années, en 1648, les religieuses et leurs élèves françaises ou indigènes purent enfin vivre, travailler, prier avec tranquillité, et sans être importunées du bruit et du va-et-vient des ouvriers.

Ce ne devait pas être pour longtemps.

Deux ans après, le 30 décembre 1650., par une nuit froide comme le sont les nuits d'hiver au Canada, le feu prit brusquement dans la boulangerie du monastère et se développa avec une telle rapidité que les religieuses, réveillées en sursaut, n'eurent que le temps de courir aux dortoirs des élèves, dont le nombre était alors d'une centaine, et de les rassembler autour d'elles devant la maison en flammes, toutes sans autres vêtements que le costume sommaire du sommeil. Seule la mère Marie de l'Incarnation avait pu se chausser et se couvrir de ses habillements : elle n'hésita point à les quitter pour en revêtir une religieuse malade, et demeura, dépouillée comme ses autres compagnes, à prier Dieu pieds et jambes nus dans la neige, en regardant l'effroyable fournaise.

Tout fut consumé, linge, vêtements, approvisionnements, denrées destinées à l'alimentation de tout le personnel pendant l'année entière. Rien ne put être sauvé ; les murs eux-mêmes furent calcinés. Les ursulines, alors au nombre de quinze, furent recueillies à l'Hôtel-Dieu par les sœurs hospitalières, qui partagèrent avec elles leur vêtement gris, tandis que de charitables voisins se distribuaient les élèves.

A la suite d'un tel désastre on pouvait croire qu'un découragement bien légitime se serait emparé des pauvres religieuses, et qu'elles auraient prêté l'oreille aux invitations pressantes qui leur étaient adressées de retourner en France.

Il n'en fut rien.

Un homme de bien qui les avait vues contemplant avec la plus entière sérénité la destruction de tout ce qu'elles possédaient, et montrant la plus parfaite résignation aux souffrances que leur faisaient endurer le froid et la honte d'être vues sans vêtements par une foule nombreuse, s'était écrié dans son étonnement :

« Il faut que ces femmes soient folles ou qu'elles soient des saintes ! »

C'étaient des saintes en effet. Et comme il est pour les saints des voies qui ne sont pas toujours celles de la prudence humaine, elles se découragèrent moins que jamais, faisant remarquer à leurs amis de France que les maisons religieuses étaient de la plus haute importance pour la colonie (1).

Après trois semaines de cohabitation et d'édification mutuelle avec les sœurs hospitalières, nos ursulines se réfugièrent dans une petite maison appartenant à Mme de la Peltrie, qui était revenue à elles. Dans ce pied-à-terre, qui se composait seulement de deux chambres, il fallut organiser chapelles, classes, parloir, cellules, réfectoire, cuisine et même infirmerie, à cause de la malade pour qui la mère Marie s'était dépouillée pendant l'incendie. L'*infirmerie*, c'était l'une des *cellules* du dortoir, et ce *dortoir* se composait d'un ensemble de compartiments assujettis à la muraille et superposés comme ceux d'un casier ou d'une bibliothèque; chacun d'eux représentait un lit, et celui qui constituait l'*infirmerie* était occupé par la sœur Saint-Joseph, fille d'un seigneur millionnaire, habituée par conséquent à toutes les douceurs et à toutes les délicatesses de la vie. Elle y mourut en odeur de sainteté le jeudi de Pâques de l'année 1652.

A peine installées dans cet étroit local, les ursulines songèrent à la reconstruction de leur monastère, dont la première pierre fut posée moins de cinq mois après le sinistre (19 mai 1651). Les travaux en furent poussés avec une telle activité, que le 29 mai de l'année suivante il était terminé et les religieuses en prenaient possession.

Comment et avec quoi avaient pu faire face à une entreprise aussi considérable de pauvres filles réduites à un dénument tel que rien autre n'était resté en leur possession que la chemise de chacune d'elles? La mère Marie de l'Incarnation ne se l'explique que par une intervention miraculeuse.

« Nous avons fait rebâtir notre monastère; nous nous sommes vêtues et remeublées, et pour cela il nous a fallu faire des dépenses au montant de vingt mille livres. L'on nous a prêté huit mille livres sur le pays, lesquelles n'en valent pas six mille de France. Nous n'avons eu que très-peu d'aumônes, dont une partie a servi à nous vêtir et l'autre à acheter un peu de grain. Malgré cela il ne nous reste que quatre mille livres à payer; encore la

(1) « Il faut que vous sachiez, écrivait Marie Guyard à son fils, que si une seule communauté quittait, cela serait de nature à décourager une grande partie des Français qui n'ont persévéré qu'en considération des maisons religieuses et par leur moyen. De plus, les filles françaises ont encore plus besoin, en un sens, de l'éducation qu'elles reçoivent de nous que les sauvages.

personne à qui nous les devons nous en donne le fonds après sa
mort, s'en réservant l'usufruit pendant sa vie. Enfin il y a vingt-
quatre mille livres de pure Providence (1). »

III

Le monastère reconstruit, les élèves, dont le nombre avait for-
cément diminué, bien que la mission d'enseignement des Ursulines n'eût pas été interrompue, furent ramenées. Mais l'affluence
ne redevint considérable que quand, par un traité de paix avec
les Iroquois, en 1653, un terme fut mis aux incursions et aux dé-
prédations que ces farouches sauvages exerçaient contre les
autres indigènes, contre les colons et jusqu'aux portes mêmes de
Québec.

Plusieurs années s'écoulèrent ensuite pour la mère Marie et
ses compagnes sans événements extérieurs particuliers. Pour les
motifs énoncés plus haut, on n'entreprendra pas de résumer ici
l'histoire de la vie spirituelle et *intérieure* de Marie Guyard, de
son ardente dévotion au Sacré-Cœur, de ses communications mys-
tiques avec Jésus-Christ, des épreuves, des aridités comme des
joies ineffables et des avant-goût du bonheur céleste qu'elle
éprouva dans ces entretiens mystérieux pendant sa longue et la-
borieuse existence. Il y a là, parallèlement à la vie extérieure,
une vie en quelque sorte séparée et distincte dont l'histoire forme
au surplus la part prépondérante de l'écrit qui nous sert de guide
principal dans cette rapide étude. Mais on ne saurait passer sous
silence un fait qui relève d'ailleurs de la première de ces deux vies
plus que de la seconde, et qui montre combien une respectueuse
indépendance et une sage fermeté, même vis-à-vis l'autorité la
plus respectée et la plus incontestable, sont loin d'être incompa-
tibles avec la piété et même une haute perfection.

En 1659, arriva à Québec le premier évêque de cette ville,
Mgr de Laval-Montmorency, prélat non moins recommandable
par son austérité que par sa charité et ses vertus apostoliques.
« C'est, écrivait la mère Marie, un autre saint Thomas de Ville-
neuve pour la charité et l'humilité : car il se donnerait lui-même

____

(1) Lettres de Marie Guyard de l'Incarnation à dom Claude-Martin son fils, citée
par M. l'abbé Richaudeau.

pour cela. Il ne se réserve que le pire... Il donne tout et vit en
pauvre. »

Comme chef du diocèse et supérieur de toutes les communautés
relevant de l'ordinaire, Mgr de Laval prétendait apporter aux
constitutions du monastère des changements qui, au jugement
de la mère Marie, en eussent été la ruine.

« On pourrait être tenté de croire, dit M. l'abbé Richaudeau, à
qui nous laisserons ici la parole, la vénérable mère disposée, à
cause de sa grande piété, à tout voir en beau dans un évêque et
même à exagérer ses vertus par zèle pour le bien. Non, tel n'est
pas le vrai caractère de la sainteté. L'Apôtre des nations résista
en face à saint Pierre, *parce que*, dit-il, *il était répréhensible;*
sainte Brigitte et d'autres saintes ont parlé avec force aux papes
de leur temps. La Mère de l'Incarnation crut aussi devoir résister en certaines limites avec sa communauté à l'autorité de
Mgr de Laval. Voici ce qu'elle dit, dans une lettre du 13 septembre 1661, à la supérieure des ursulines de Tours : Monseigneur
« notre prélat a quelque envie de changer ou du moins d'altérer
« nos constitutions. Il en a fait faire un abrégé selon son idée. Lais-
« sant la substance, il retranche ce qui explique et facilite la pra-
« tique. Il a ajouté ensuite ce qu'il lui a plu, en sorte que cet
« abrégé, qui serait plus propre pour des carmélites ou des reli-
« gieuses du Calvaire que pour des ursulines, ruine en réalité
« notre constitution. Il nous a donné huit mois ou un an pour y
« penser; mais l'affaire est déjà toute pensée et la résolution toute
« prise : nous ne l'accepterons pas, si ce n'est à la dernière extré-
« mité de l'obéissance. »

Ce différend, qui d'ailleurs ne paraît pas avoir eu de suite,
n'enleva rien à la haute estime et à l'ardente charité qui ani-
maient réciproquement l'un pour l'autre les deux saints person-
nages : en raison même de leur éminente vertu, ils savaient sup-
porter une certaine contradiction ou une opinion différente, sans
passion comme sans injustice et sans amertume.

De nouvelles épreuves cependant étaient réservées à la jeune
communauté.

Les intraitables Iroquois, joignant l'astuce à la perfidie, ne
concluaient des traités de paix que dans le but de surprendre leurs
adversaires sans défiance et de les anéantir. Une vaste conjura-
tion, ourdie par eux en 1660, fut éventée par des Français qui, sur
la demande même des sauvages, les avaient suivis pour colo-

niser parmi eux. Ces colons, après s'être échappés, donnèrent l'alarme à Québec où l'on trembla pour les biens et la vie de chacun. Par ordre même de l'évêque, les ursulines durent quitter leur couvent et prendre gîte dans un corps de bâtiment de la maison des RR. PP. Jésuites, tandis que leur monastère, flanqué de redoutes, percé de meurtrières, fut converti en forteresse et reçut une petite garnison armée jusqu'aux dents. La mère Marie de l'Incarnation obtint cependant la permission de ne pas quitter la maison où elle s'employait, du reste, à préparer la nourriture des soldats et à leur distribuer des munitions. Durant cinq longues semaines la ville entière de Québec fut dans des transes mortelles, puis dut finalement son salut à l'héroïsme du jeune Dulac, qui, après avoir, à la tête de seize Français et de trente ou quarante Hurons et Algonquins, tenu en respect pendant sept fois vingt-quatre heures une armée entière d'Iroquois, fut massacré avec sa troupe, non sans avoir inspiré une telle terreur à l'ennemi que celui-ci, le combat terminé, n'osa pas aller plus avant et rentra dans ses quartiers.

La colonie était sauvée (1).

A peine remis de ces épouvantes, les gens de bien eurent à déplorer un fléau d'une autre nature et qui fut pour la mère Marie « une croix plus pesante que toutes les hostilités des Iroquois. » Le commerce de boissons enivrantes, jusque-là sévèrement proscrit de la colonie, fut autorisé en 1662 par un nouveau gouverneur, le baron d'Avaugour. Certains colons fournissaient, en échange de peaux de castors, ce poison aux sauvages. C'était la ruine intellectuelle et morale, la perversion et l'abrutissement de ces malheureux. Eux-mêmes demandaient la suppression d'un tel trafic. En vain l'autorité épiscopale fulmina-t-elle l'excommunication contre les vendeurs d'alcools. L'âpreté au gain fut plus forte, et nul ne peut calculer jusqu'où se seraient étendus les ravages de la passion de l'ivresse, ainsi allumée chez les sauvages, si la Providence ne se fût chargée d'apporter à ce désordre une diversion puissante.

Une série de secousses et de tremblements de terre, qui dura de février à septembre 1163, jeta l'effroi et la terreur sur une étendue

----

(1) L'héroïsme de Daulac et de ses compagnons est d'autant plus remarquable que, sachant qu'ils allaient à une mort certaine, ils s'étaient d'eux-mêmes dévoués au salut de la colonie. Ils avaient tous communié à l'église de Montréal et avaient fait leurs derniers adieux à leurs parents et à leurs amis avant d'aller s'enfermer dans l'espèce de fortin sans défense où presque tous furent tués.

de vingt mille lieues carrées. Des catastrophes sans nombre en furent la conséquence avec les phénomènes géologiques les plus étranges. Des montagnes disparurent, d'autres surgirent, des gouffres et des lacs se creusèrent, des cours d'eau changèrent de lit, une île nouvelle émergea dans le Saint-Laurent, et pendant huit jours les eaux bleues de ce fleuve prirent une couleur de soufre.

Un tel cataclysme, quoique de l'ordre purement naturel, était bien à considérer, par une population dans laquelle régnait une foi vive, comme un châtiment et un avertissement de la Providence, qui ne recourt pas toujours à la dérogation aux lois de la nature pour faire sentir le poids de sa main. Un mouvement considérable de retour à la rénovation chrétienne se manifesta à la suite du fléau, et lorsque, en 1665, la *Nouvelle-France* entra dans le domaine royal, l'arrivée du vice-roi, marquis de Tracy, qui fit revivre les nobles exemples des Champlain, des Montmagny et des d'Argenson, fut le signal, pour notre colonie, d'une ère de prospérité matérielle et morale telle qu'en moins de trois ans la population fut plus que doublée.

Une mémorable expédition contre les Iroquois, que dirigea, malgré ses soixante-quatre ans, M. de Tracy en personne, à travers cent cinquante lieues de pays et au milieu de difficultés inextricables, amena le plus décisif succès qu'on eût encore remporté sur ces incorrigibles ennemis. Cette fois, éclairé par l'expérience, on ne se reposa pas exclusivement sur la foi des traités, et la fidélité des Iroquois aux engagements contractés fut garantie par un certain nombre de leurs familles qu'ils durent laisser en otage à Québec. D'autres vinrent librement s'y fixer.

C'étaient autant d'âmes procurées au zèle et à l'apostolat de la mère Marie de l'Incarnation et de ses religieuses. La joie leur fut donnée d'obtenir la conversion d'un grand nombre de femmes et de jeunes filles de cette nation. Leur action ne se porta pas seulement sur les femmes. Douée d'un esprit très-pénétrant, toujours préoccupée de l'intérêt des âmes et de celui de la patrie, Marie Guyard avait su démêler parmi les guerriers composant les diverses ambassades envoyées par les Iroquois, des natures généreuses sur lesquelles elle pouvait avoir prise. C'est ainsi qu'elle avait gagné à la vérité et, par suite, à l'amitié ou au moins à la neutralité pour la France, plusieurs chefs, notamment l'un des plus célèbres, Garakontié, le *Bayard iroquois*, « qui devint ensuite un héros de la foi et le plus fidèle auxiliaire des Français ».

Grâce à ce concours habile autant qu'apostolique de la mère Marie de l'Incarnation, la colonie, après les avantages réalisés par M. de Tracy, goûta du côté des sauvages vingt années de paix et de tranquillité non interrompues.

Cependant le moment approchait où devait se terminer le rôle de Marie Guyard en ce monde. Dès 1664 elle avait ressenti les premières atteintes de la maladie, et quoiqu'un mieux relatif lui permît encore pendant plusieurs années de remplir sa mission auprès de sa communauté, ainsi que de ses élèves et de ses chers sauvages, elle s'approcha graduellement de la tombe. Enfin après plusieurs alternatives d'amélioration et de rechute, elle mourut le 30 avril 1672 à six heures du soir, au milieu de ses compagnes en larmes. Au moment de son dernier soupir, « un rayon de lumière céleste sembla tomber sur cette figure que la mort venait de frapper, et les religieuses immobiles, partagées entre la douleur et l'admiration, contemplaient, sans pouvoir en détourner leurs regards, le visage de leur pieuse mère, sur lequel se trouvait répandue une beauté éblouissante. L'âme, en prenant son vol vers les cieux, semblait y avoir imprimé un reflet de sa gloire immortelle. Ce phénomène, attesté par toutes les religieuses qui en furent témoins, leur fit une telle impression qu'elles voulurent en perpétuer le souvenir; chaque année, au jour anniversaire de la mort de leur vénérable fondatrice, elles chantaient un *Te Deum* d'actions de grâces, et cet usage se continue encore aujourd'hui. »

La douleur fut universelle dans la colonie. Nulle part peut-être elle ne revêtit une forme plus touchante que chez les sauvages de villages voisins de Québec, qui, à la première nouvelle du douloureux événement, vinrent en foule pleurer et prier autour du monastère, s'écriant sans cesse : « Notre mère à nous est morte! » puis mettant un doigt sur leur bouche pour indiquer que leur douleur était de celles qui ne peuvent s'exprimer par des paroles. Indépendamment de la vénération dont la mère Marie était l'objet pour sa grande sainteté, elle était encore entourée d'une considération générale pour la rare intelligence, la hauteur de vues et les capacités singulières dont elle avait fait preuve pendant les trente-trois années qu'avait duré son séjour au Canada. Elle y avait exercé par ses conseils et sa prudence une influence que nul ne contestait. Bien des gouverneurs s'étaient succédé qui avaient recouru avec fruit à son expérience et à ses lumières, tandis qu'il n'était peut-être pas une femme dans la colonie qui n'eût été formée à la vertu par sa direction et ses exhortations maternelles.

La cérémonie de ses funérailles eut un éclat et fut entourée d'une affluence comme on en voit rarement pour les personnes même du rang le plus élevé. Français de toutes conditions et chrétiens de toutes les tribus sauvages reconnaissaient en elle leur mère spirituelle, et désormais leur protectrice dans le ciel. On se partageait avec un indicible empressement tous les objets ayant pu être à son usage : vêtements, livres, chapelets, médailles; quand il ne resta plus rien à partager, chacun voulut au moins apporter quelque image ou autre objet pieux pour le conserver, après l'avoir fait toucher à la *sainte mère*, « ainsi canonisée d'anticipation par la voix populaire dans tous les lieux, dit le P. Charlevoix, où elle était connue. »

Cette vénération profonde, ce culte intérieur pour la fondatrice des ursulines du Canada, n'a pas été seulement l'effet d'un enthousiasme passager ou éphémère. Ils se sont perpétués jusqu'à présent au sein de la population canadienne, qui n'a jamais cessé de considérer la mère Marie Guyard de l'Incarnation comme méritant des autels. A cette *vox populi* se joignent des témoignages qui empruntent à la qualité de leurs auteurs une valeur considérable. Pour n'en citer qu'un parmi les contemporains, Mgr de Laval, évêque de Québec, celui-là même à certaines prétentions duquel elle avait cru devoir résister, écrivait à son sujet :

« Elle était ornée de toutes les vertus dans un degré éminent, surtout d'un don d'oraison si élevé et d'une union avec Dieu si parfaite, qu'elle conservait sa présence au milieu de l'embarras des affaires les plus difficiles et les plus distrayantes... C'était une supérieure parfaite... son zèle pour le salut des âmes et particulièrement pour celui des sauvages était si ardent, qu'il semblait qu'elle les portât tous dans son cœur. Nous ne doutons pas que ses prières n'aient obtenu en grande partie les faveurs dont jouit maintenant l'Église naissante du Canada. »

Après Mgr de Laval et se succédant jusqu'à nos jours, tous les écrivains chrétiens qui se sont occupés du Canada ont rendu de la mère Marie un témoignage analogue. Tels sont Camus, vicaire général de Tours (1680), l'abbé Langevin, vicaire général de Québec, l'historien Ferland, Ladvocat, Feller, Perennès, Moreri. — Enfin aujourd'hui même la haute approbation donnée par l'archevêque et les quatre évêques du Canada à l'ouvrage tout récent où M. l'abbé Richaudeau retrace l'histoire de cette âme privilégiée, est un éclatant hommage à la sainteté de la vénérable mère, que le métropolitain, Mgr Taschereau, ne craint pas de qualifier, après Bossuet, de *Thérèse du Nouveau-Monde*.

Il a été fait incidemment allusion, dans le cours de cette notice, à un fait qu'il importe, avant de clore, de mentionner d'une manière plus explicite.

La question du procès de béatification de la fondatrice des ursulines canadiennes a commencé à être étudiée en 1867 par les soins de Mgr Baillargeon, prédécesseur immédiat de Mgr Taschereau. Sur le désir exprimé par un grand nombre de personnes pieuses, le vénérable prélat institua une commission chargée de rechercher et de relever, selon les formes canoniques, tous les faits d'un caractère miraculeux imputables à l'intercession de la mère Marie de l'Incarnation et pouvant servir à établir sa sainteté.

La commission se mit immédiatement à l'œuvre et, non sans de sérieux et délicats labeurs, fut assez heureuse pour constater canoniquement, d'abord un grand nombre de faits antérieurs plus ou moins anciens ou récents, et en outre plusieurs autres qui s'accomplirent au temps même où elle était en fonctions. Les procès-verbaux de la commission furent portés à Rome par la vaillante troupe que le Canada envoya, il y a quelques années, renforcer la petite armée de Pie IX. Une supplique adressée au saint-père par le concile de la province de Québec accompagnait ces procès-verbaux. Elle avait pour but d'obtenir une dispense à la règle ordinaire, d'après laquelle ces pièces auraient dû attendre dix ans à la chancellerie romaine avant qu'on n'en rompît les sceaux. Sa Sainteté accueillit la supplique avec une faveur marquée et fit aussitôt rompre les sceaux puis remettre les documents à la congrégation des Rites.

La cause est donc actuellement pendante. L'on doit faire des vœux pour qu'elle soit promptement instruite, et que par là il soit donné dans le ciel, à la France ancienne en même temps qu'à la *Nouvelle-France*, une protectrice de plus.

Pauvre France ancienne! ce n'est plus seulement à l'Occident et de l'autre côté des mers qu'elle a à regretter tout un peuple de Français séparés d'elle depuis un siècle : à son soleil levant, une partie d'elle-même est, d'hier, arrachée de ses propres flancs ; mais plus malheureux que les Français sujets de la libre Angleterre, les Français soumis à l'autoritaire Allemagne voient persécuter et proscrire leurs ordres religieux, sous l'inculpation du double crime d'entretenir dans la jeunesse des deux sexes l'amour de l'Église et l'amour de la France. Vaine prudence, d'ailleurs : la persécution retrempe les forts et fortifie les faibles. Quelles que soient les vicissitudes de la politique et les secrets de l'avenir, à l'est de la France l'Alsace-Lorraine, comme le Canada de l'autre côté de l'Atlantique, seront dans tous les temps deux peuples catholiques et français. »

Jean d'Estienne.